AF240422

Catalogue

DE TABLEAUX,

MARBRES,

BRONZES ET MEUBLES CURIEUX.

FAISANT PARTIE

Du riche Mobilier de feu M. Wilckinson.

PARIS.

DE L'IMPRIMERIE DE CH. DEZAUCHE,

Faubourg Montmartre, N°. 4.

1830.

CATALOGUE

DE TABLEAUX,

MARBRES,

Bronzes et Meubles curieux,

FAISANT PARTIE

DU RICHE MOBILIER DE FEU M. WILKINSON.

Et qui seront vendus les Mercredi 10 et Jeudi 11 Mars 1830, à midi, rue Chauchat, n. 2;

Par le ministère de MM. LA COSTE et BONNEFONDS DELAVIALLE, Commissaires-Priseurs;

Avec l'assistance de M. HENRY, Commissaire-Expert du Musée royal.

———

Le présent Catalogue se distribue :

Chez MM. :
LA COSTE, rue Thérèse, n. 2;
BONNEFONDS DELAVIALLE, rue Saint-Marc, n. 14;
HENRY, rue de Bondi, n. 23;
FERDINAND LANEUVILLE, rue Taitbout, n. 23.

———

Une Exposition publique aura lieu les Lundi 8 et Mardi 9 Mars, de midi à trois heures, au domicile ci-dessus indiqué.

———

IMPRIMERIE DE Ch. DEZAUCHE,
RUE DU FAUBOURG-MONTMARTRE, N°. 4.

———

1830.

AVERTISSEMENT.

De beaux Meubles de marqueterie de Boule, des Bronzes d'un bon choix, des Tableaux généralement agréables et parmi lesquels on distingue une Sainte-Famille exécutée par Bronzino, dans le gout de Raphaël; une Tête d'expression, peinte par Greuze; un Jean Miel d'une rare qualité; d'excellens ouvrages de Wenix, Dietrick, P. Bouth, de Cort, Meyer, Boucher, Bruandet, Robert, Watteau de Lille et autres maîtres : tels sont les objets de curiosité dont nous donnons le Catalogue.

Les Amateurs les verront avec plaisir à l'Exposition publique qui en sera faite, ainsi que du riche mobilier, le Lundi 8 et Mardi 9 Mars 1830, de midi à trois heures, au domicile de feu M. Wilkinson, rue Chauchat, n. 2.

[illegible]
[illegible]
[illegible]
[illegible]
[illegible]
[illegible]
[illegible]
[illegible]
[illegible]
[illegible]
[illegible]
[illegible]
[illegible]
[illegible]

CATALOGUE
DE TABLEAUX,
MARBRES,
BRONZES ET MEUBLES CURIEUX.

ÉCOLES D'ITALIE ET D'ESPAGNE.

✠ BRONZINO.

1. — La Sainte-Famille, accompagnée de Saint-Jean-Baptiste. Le Précurseur, encore enfant, présente sa croix de roseau au petit Jésus, que la Vierge tient assis sur ses genoux. Bronzino en se rapprochant dans ce tableau du style de Raphaël, y a répandu une partie du charme qui attache si puissamment aux ouvrages de ce grand maître.

✠ CORADO (Charles.)

2. — Sujet tiré de ces deux vers de la troisième églogue de Virgile :

Malo me Galatea petit, lasciva puella ;
Et fugit ad salices, et se cupit ante videri.

Corado, dont Lanzi ne parle pas, est cité dans les extraits de Papillon de la Ferté ; il eut pour maître Solimène, et fut regardé comme un des premiers peintres de son temps; son sujet de Galathée est bien disposé, ses figures ont de la vie, le coloris en est suave et brillant.

CORRÉGE (d'après le).

3. — L'Amour taillant son arc : bonne et agréable copie d'un tableau qui est maintenant à Londres.

ESPINOSA.

4. — Deux tableaux représentant des bouquets de fleurs. On y remarque un jeu de pinceau facile et une grande fraîcheur de coloris.

ÉCOLES DES PAYS-BAS.

ARTVELT.

5. — Deux vues de mer par un temps orageux.

BAKUYZEN (M. V. S.)

6. — Vue de Hollande en hiver ; à droite on remarque une ferme placée entre une futaie et une route bordée d'arbres ; du côté opposé s'étend une plaine couverte de neige ; des patineurs se divertissent sur un canal. M. Bakuyzen est un des bons peintres de l'école moderne des Pays-Bas.

BERG (Mathieu Vanden).

7. — Jésus appelant à lui et bénissant les enfans : petit tableau bien touché et d'une bonne couleur.

BOUTH (Pierre).

8. — Vue prise sur le bord de la mer dans le voisinage de Schievilling, des pêcheurs ont étalé sur la plage le produit de leur pêche, à l'effet d'en traiter avec les marchands de marée. Cet ouvrage amusant par l'infinité de détails dont il est enrichi, est encore une des meilleures productions de son auteur.

COEN (M. de Bruxelles.)

9. — Musiciens ambulans dans l'intérieur d'une maison, où d'autres personnages s'amusent à les écouter.

10. — Nombreuse asssemblée d'hommes et de femmes, dont plusieurs sont masqués, se livrant dans un estaminet aux plaisirs du carnaval.

DE COORT.

11. — Vue dessinée dans les Pays-Bas. Plusieurs maisons dominées par la flèche d'une église bordent un canal, vers le milieu du point de vue. Sur le devant, à main gauche, est une autre maison surmontée d'une tourelle; quelques figures animent ce tableau, qui, comme tous ceux de Coort, a quelque chose de la manière de faire de Vander Heyden.

+ DEMAN (Corneille).

12. — Un jeune homme, ayant l'épée au côté, présente sa main à un chiromancien et se fait dire sa bonne aventure. Ce tableau tire beaucoup d'effet de la vigueur de son coloris.

DIETRICK (M. E.)

13. — La Vierge au milieu d'une gloire avec son divin fils dans ses bras, lève les yeux vers le céleste séjour comme pour invoquer l'éternel en faveur des mortels, vers lesquels Jésus est censé abaisser ses regards. Il est vraisemblable que Dietrick, grand faiseur de pastiches, a voulu imiter dans celle-ci le style de Carlo Maratti.

14. — Point de vue champêtre animé par quelques figures, et où l'œil se promène sur une vaste étendue de pays. Sur le bord d'un chemin, à peu de distance du premier plan, est une habitation rustique ; au-dessus de l'horizon s'amoncèlent d'épaisses nuées qui annoncent un prochain orage. Ce paysage est une des bonnes productions de Dietrick.

FLINCL (Govaert).

15. — Beau portrait d'homme vu à mi-corps, et et portant un collet rabattu sur un vêtement noir.

HONDT (de)

16. — Sujet militaire pris dans l'intérieur d'un camp. On a souvent attribué les ouvrages de De Hondt à Teniers, tant ils sont spirituellement peints.

KIERINGS (Alexandre).

17. — Paysage orné de figures.

KOBELL (d'après L.)

18. — Une excellente copie représentant des animaux dans un paturage.

MEYER (M.) 1778.

19. — Paysage dont l'exécution est aussi soignée que l'effet en est piquant ; au second plan s'élève une église de village ; sur le devant est un chemin argilleux où l'on voit plusieurs mendians.

+ . MIEL (Jean).

20. — Jésus et la Samaritaine : charmant ouvrage attribué à Stella par quelques personnes et par d'autres à Jean Miel. Cette dernière dénomination s'accorde mieux, selon nous, avec le pinceau moëlleux et suave de ce dernier peintre, dont la couleur si souvent ténébreuse dans ses bambochades, est généralement d'une grande fraîcheur dans ses sujets d'histoire. Quoiqu'il en soit, ce petit tableau est des plus séduisans.

MOLENAER (Dirck.)

21. — Chaumières sur le bord d'un canal : petit tableau dans le goût de Dekker.

REGMORTER (M.)

22 — Les œufs cassés : petit tableau traité dans le goût de Schalken.

SCHUZ.

23. — Deux petits paysages.

24. — Deux autres paysages : hiver et été.

SEEKATS, élève de DIETRICK.

25. — Des bandits éclairés par une torche exami-

nent leur butin au milieu des ruines d'un vieil édifice.

TENIERS (copie d'après).

26. — Villageois buvant et chantant dans un cabaret.

27. — Buveurs et joueurs de carte dans l'intérieur d'un cabaret.

28. — Petit paysage avec figures.

VANDEN VELDE (Isaïe).

29. — Choc de cavalerie : sujet traité d'une manière intéressante par le nombre, l'action et la diversité de ses figures.

VANDER MEER (le vieux).

30. — Vue d'un village situé sur le bord d'un fleuve, ou des pêcheurs sont occupés à tendre leurs filets. Ce paysage a beaucoup de l'aspect de certains tableaux de Salomon Ruysdael.

✝ VICTOOR (Jean).

31. — Vertumne et Pomone : figures un peu plus qu'à mi-corps et de grandeur naturelle. Élève de Rembrandt, Victoor a suivi plus que de coutume, dans ce beau tableau, les principes de couleur et d'effet de son maître.

WEENIX (Jean-Baptiste).

32. — Tableau d'une grande finesse de coloris

et de pinceau, et représentant divers oiseaux de basse-cour.

WOUWERMAN (copie d'après).

33. — Une Bayadère amuse par sa danse plusieurs soldats rassemblés près de la tente d'un cantinier.

ÉCOLE FRANCAISE.

BOUCHER (FRANÇOIS).

34. — Scène pastorale sur le devant d'un paysage; tableau du bon faire de Boucher, et plein de cette grâce qui lui valut tant d'admirateurs.

35. — Deux petits tableaux : vues champêtres exécutées avec autant de délicatesse que d'esprit.

BRUANDET (ÉLÉAZARD).

36. — Point de vue représentant la lisière extérieure d'un bois.

37. — Autre paysage du même genre. Les figures de ces deux tableaux sont de la main de M. Duval.

CASTIELS.

38. — Deux vues de Paris au dix-septième siècle. L'auteur les a enrichies d'une innombrable quantité de petites figures.

✠ COURTOIS.

39. — Paysage avec effet de soleil couchant : bon tableau dans le goût de ceux de Claude Lorrain.

DROLING fils.

40. — Joli paysage enrichi de plusieurs figures..

✝ GREUZE (Jean-Baptiste).

41. — Jeune fille dans l'affliction. Le grand mérite de Greuze est aujourd'hui mieux apprécié des étrangers que de nous-mêmes; aussi nous ont-ils tant enlevé de ses ouvrages, qu'à peine pouvons-nous nous procurer, quand nous le désirons, une de ces têtes charmantes dont il avait enrichi nos anciens cabinets. Celle que nous indiquons ici réunit donc la rareté à toutes les belles qualités pittoresques qui ont valu à Greuze une admiration si universelle.

42. — Autre tête de jeune fille exprimant aussi de la tristesse : celle-ci n'est qu'une copie.

GRIMOUX.

43. — Jeune fille représentée en buste, nu-tête et de profil. Cette tête est une de celles qui se ressentent de la longue étude que fit ce peintre d'après les portraits de Rembrandt.

HENRI D'ARLES (plus connu sous le nom de HENRI DE MARSEILLE).

44. — Marine peinte à l'imitation de celles de Joseph Vernet.

HUE.

45. — Paysage. Le devant est baigné par une rivière qu'abritent de grands arbres ; à l'avant-scène, un pêcheur tend sa ligne dans la rivière.

ROBERT (Hubert).

46. — Vue intérieure d'une galerie.

STORELLI (M.).

47. — Paysage enrichi de fabriques italiennes; il y a dans son ordonnance quelque chose de grand qui plaît à la vue.

WATTEAU, DE LILLE.

48. —Deux très-agréables tableaux représentant, l'un et l'autre, des scènes familières.

WAGNER.

49. — Paysage exécuté à la gouache et touché avec beaucoup de goût.

PAR ET D'APRÈS DIFFÉRENS MAITRES.

50. — Portrait de l'aïeul de S. A. R. Mgr le duc d'Orléans.

51. — Portrait de Van Dick, représenté en buste, tête nue, vêtu de noir et décoré d'une chaîne d'or. Nous conservons à ce portrait le nom de Leli qui lui a été donné par le passé.

52. — La vierge Marie avec l'enfant Jésus ; petit tableau peint sur cuivre.

53. —Un satyre, les mains liées, est amené par deux Amours devant Vénus qu'il a outragée : bonne copie d'après Philippe Lauri.

54. — Portrait de Mlle Greuze.

55. — Buste d'un jeune homme.

56. — Deux paysages dans le style de Salvator-Rosa.

57. — Tableaux omis ou ne méritant pas de mention particulière.

SCULPTURES.

58. — Petit monument consacré à la gloire de Buonaparte. Le buste du héros, exécuté en bas-relief dans un médaillon, est entouré de trophées et de symboles propres à rappeler les actions les plus mémorables de la vie de Napoléon. Au-dessous du médaillon est une inscription ou dédicace latine qui indique que ce monument est l'ouvrage d'un nommé Joseph Mappia. Nous ne connaissons rien, en sculpture, qui soit plus délicatement travaillé.

EN MARBRE.

59. — Une petite figure d'enfant.

60. — Un buste de femme.

EN BRONZE.

61. — Apollon poursuivant Daphné; à leurs pieds figure le fleuve Pénée, père de cette nymphe.

62. — Psyché tenant une lampe et contemplant l'Amour.

63. — Deux très-beaux groupes de trois figures chacun, et représentant l'enlèvement de Proserpine, etc.

64. — Une figure de Bacchus.

65. — Une naïade.

66. — Groupe de trois petits faunes jouant avec un bouc.

67. — Autre groupe composé de deux enfans et d'un bouc.

68. — Deux groupes, montés en serre-papier et composés, l'un, d'un enfant et d'un cigne, l'autre, d'un enfant avec un chien.

69. — Deux bustes de saints personnages.

70. — Deux autres d'hommes célèbres.

71. — Un sanglier sur socle de marbre jaune de Sienne.

72. — Deux coupes sur des socles de marbre.

73. — Monument à la gloire de Louis XIV. La Prudence, l'Honneur, la Probité personnifiées entourent le monarque, et avec l'aide du Temps qui plane au dessus de sa tête, lui aident à triompher du Vice. Cet ennemi de l'homme est représenté renversé à l'entrée d'un antre. Ce groupe est dans le goût des ouvrages de Keller.

74. — Pendule figurée par le Temps, emportant les heures. Socle de jaune de Sienne.

MEUBLES CURIEUX.

75. — Un meuble à deux ventaux, hauteur d'appui, en marqueterie de boule, avec frise, rosaces et mascarons en cuivre doré.

76. — Deux charmans meubles chacun à un battant, en marqueterie d'écaille et de cuivre, avec filets d'ébène et ornemens divers en cuivre doré.

77. — Deux autres meubles, en marqueterie moderne de cuivre et d'étain, à un battant chacun, avec dessus de marbre et ornemens de cuivre doré.

78. — Deux autres petits meubles de la même espèce que les précédens.

79. — Une écritoire en marqueterie de *boule*, avec ornemens de cuivre doré.

80. — Joli bureau en bois d'ébène, orné d'une frise de mascarons et de sabots de cuivre doré.

81. — Un grand et magnifique bureau en acajou veiné et enrichi de bronzes ciselés avec soin et parfaitement dorés.

82. — Deux gaines en bois d'acajou avec filets et autres ornemens de cuivre doré.

FIN.